Trevallars carambole: Fulla bord cirkel mönster

Från professionella mästerskapsturneringar

Testa dig mot professionella spelare

Allan P. Sand
PBIA Certifierad Biljardinstruktör

ISBN 978-1-62505-353-4
PRINT 7x10

ISBN 978-1-62505-517-0
PRINT 8.5x11

First edition

Copyright © 2019 Allan P. Sand

All rights reserved under International and Pan-American Copyright Conventions.

Published by Billiard Gods Productions.
Santa Clara, CA 95051
U.S.A.

For the latest information about books and videos, go to: http://www.billiardgods.com

Acknowledgements

Wei Chao created the software that was used to create these graphics.

Innehållsförteckning

Introduktion **1**
Om bordslayouten 1
Tabellinställningsanvisningar 2
Syftet med layouterna 2
A: Full cirkel (lång vallar) **3**
A: Grupp 1 3
A: Grupp 2 8
A: Grupp 3 13
A: Grupp 4 18
A: Grupp 5 23
B: Full cirkel (kort vallar) **28**
B: Grupp 1 28
B: Grupp 2 33
B: Grupp 3 38
C: Fyra vallar (lång vallar) **43**
C: Grupp 1 43
C: Grupp 2 48
C: Grupp 3 53
C: Grupp 4 58
C: Grupp 5 63
D: Fyra vallar (kort vallar) **68**
D: Grupp 1 68
D: Grupp 2 73
D: Grupp 3 78
D: Grupp 4 83
E: Fem vallar (lång vallar) **88**
E: Grupp 1 88
E: Grupp 2 93
E: Grupp 3 98
E: Grupp 4 103
E: Grupp 5 108
F: Fem vallar (kort vallar) **113**
F: Grupp 1 113
F: Grupp 2 118
G: 6 + vallar (lång vallar) **123**
G: Grupp 1 123
G: Grupp 2 128
G: Grupp 3 133
G: Grupp 4 138
H: 6 + vallar (kort vallar) **143**
H: Grupp 1 143
H: Grupp 2 148

Other books by the author …

- 3 Cushion Billiards Championship Shots (a series)
- Carom Billiards: Some Riddles & Puzzles
- Carom Billiards: MORE Riddles & Puzzles
- Why Pool Hustlers Win
- Table Map Library
- Safety Toolbox
- Cue Ball Control Cheat Sheets
- Advanced Cue Ball Control Self-Testing Program
- Drills & Exercises for Pool & Pocket Billiards
- The Art of War versus The Art of Pool
- The Psychology of Losing – Tricks, Traps & Sharks
- The Art of Team Coaching
- The Art of Personal Competition
- The Art of Politics & Campaigning
- The Art of Marketing & Promotion
- Kitchen God's Guide for Single Guys

Introduktion

Detta är en av en serie Carom Biljardböcker som visar hur professionella spelare fattar beslut, baserat på bordslayouten. Alla dessa layouter är från internationella tävlingar.

Dessa layouter sätter dig inuti spelarens huvud, börjar med bollarnas positioner (visas i första tabellen). Den andra tabellen layout visar vad spelaren bestämde sig för att göra.

Om bordslayouten

Det här är de tre bollarna på bordet:

Ⓐ (CB) (din biljardboll)

⊙ (OB) (motståndare biljardboll)

● (OB) (röd biljardboll)

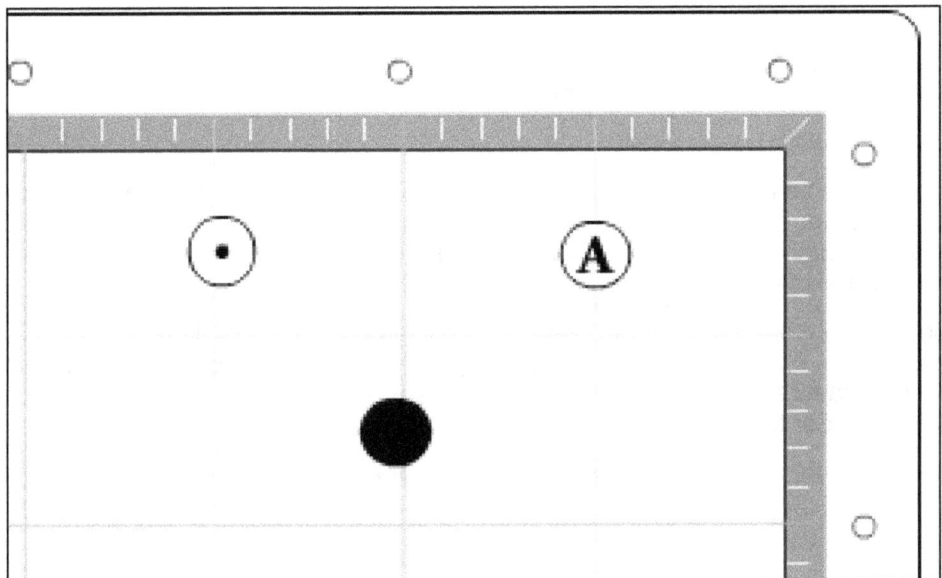

Varje konfiguration har två tabelllayouter. Den första tabellen är bollpositionerna. Den andra tabellen är hur bollarna rör sig på bordet.

Tabellinställningsanvisningar

Använd pappersbindningsringar för att markera kulans positioner (köp på vilken som helst kontorsleveransbutik).

Placera ett mynt vid varje bordsduk som (CB) kommer att röra.

Jämför din (CB) -väg med den andra tabellkonfigurationen. För att lära dig kan du behöva flera försök. Efter varje misslyckande, gör justering och försök igen tills du lyckas.

Syftet med layouterna

Dessa layouter finns för två ändamål.

- Din analys - Hemma kan du överväga hur du spelar konfigurationen på den första tabellen. Jämför dina idéer med det faktiska mönstret på den andra tabellen. Tänk på din lösning och överväga alternativ. Från den andra tabellen kan du också analysera hur man följer mönstret. Mentalt spela skottet och bestämma hur du kan lyckas.

- Öva bordkonfigurationen - Placera bollarna i position enligt den första tabellen konfigurationen. Försök att skjuta på samma sätt som det andra bordsmönstret. Du kan behöva många försök innan du hittar rätt sätt att spela. Så här kan du lära dig och spela dessa skott under tävlingar och turneringar.

Kombinationen av mental analys och praktisk praxis gör dig till en smartare spelare.

A: Full cirkel (lång vallar)

(CB) går av den första (OB) i en lång vallar och sedan in i den korta vallar. Cirkeln fortsätter i motsatt lång vallar.

(A) (CB) (din biljardboll) - ⊙ (OB) (motståndare biljardboll) - ● (OB) (röd biljardboll)

A: Grupp 1

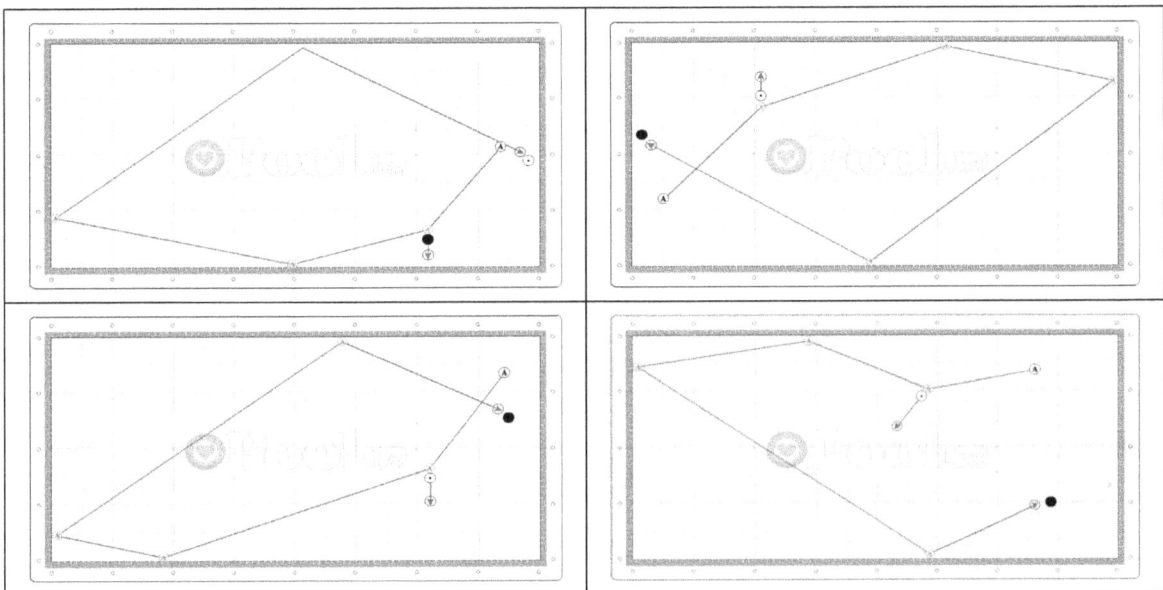

Analys:

A:1a. _____

A:1b. _____

A:1c. _____

A:1d. _____

A:1a – Inrätta

Anteckningar och idéer:

Skottmönster

A:1b – Inrätta

Anteckningar och idéer:

Skottmönster

A:1c – Inrätta

Anteckningar och idéer:

Skottmönster

A:1d – Inrätta

Skottmönster

A: Grupp 2

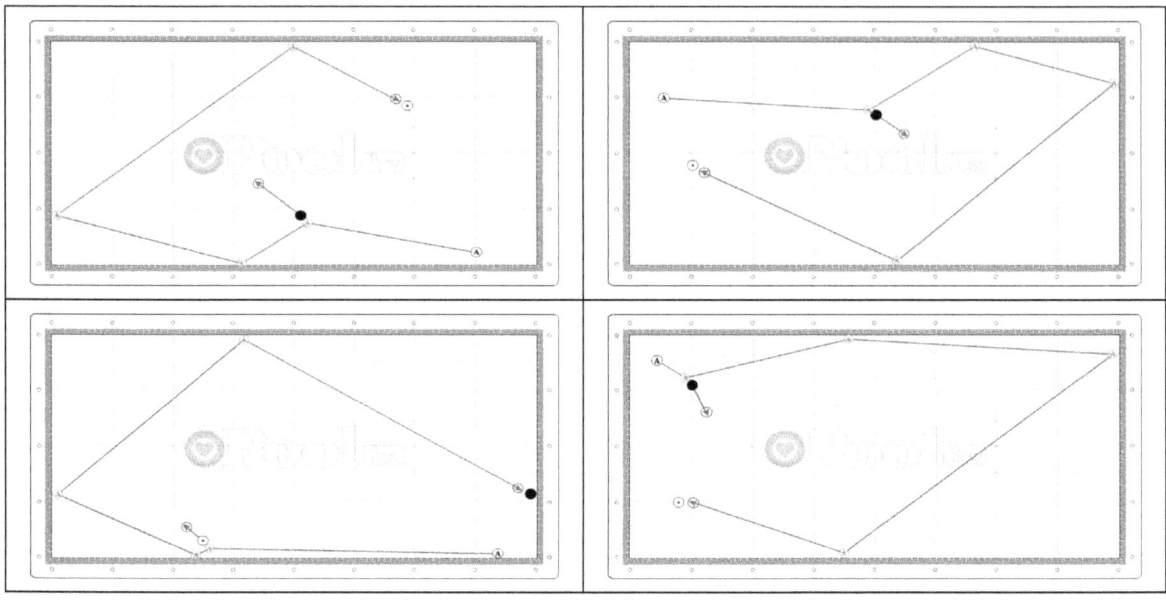

Analys:

A:2a. _____

A:2b. _____

A:2c. _____

A:2d. _____

A:2a – Inrätta

Anteckningar och idéer:

Skottmönster

A:2b – Inrätta

Anteckningar och idéer:

Skottmönster

A:2c – Inrätta

Anteckningar och idéer:

Skottmönster

A:2d – Inrätta

Anteckningar och idéer:

Skottmönster

A: Grupp 3

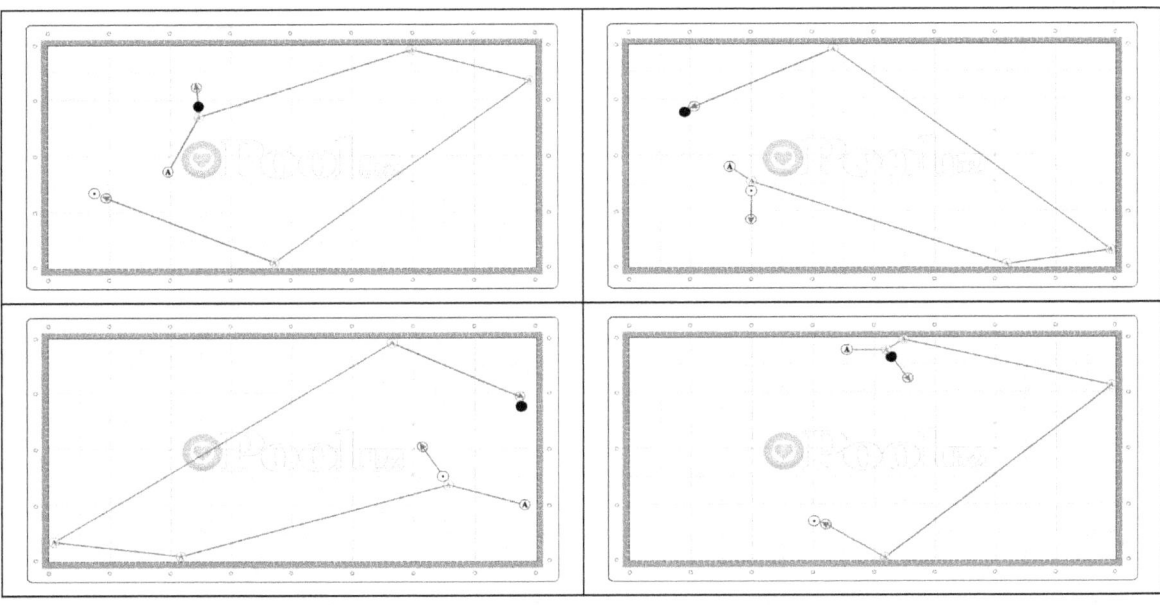

Analys:

A:3a. _____

A:3b. _____

A:3c. _____

A:3d. _____

A:3a – Inrätta

Anteckningar och idéer:

Skottmönster

A:3b – Inrätta

Anteckningar och idéer:

Skottmönster

A:3c – Inrätta

Anteckningar och idéer:

Skottmönster

A:3d – Inrätta

Anteckningar och idéer:

Skottmönster

A: Grupp 4

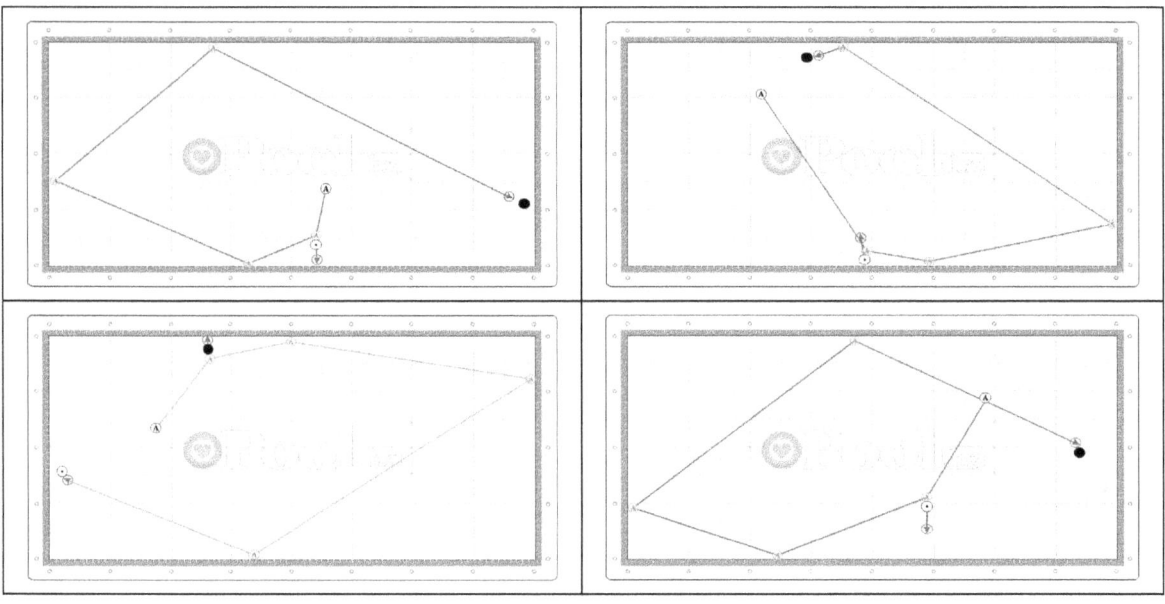

Analys:

A:4a. _____

A:4b. _____

A:4c. _____

A:4d. _____

A:4a – Inrätta

Anteckningar och idéer:

Skottmönster

A:4b – Inrätta

Anteckningar och idéer:

Skottmönster

A:4c – Inrätta

Anteckningar och idéer:

Skottmönster

A:4d – Inrätta

Anteckningar och idéer:

Skottmönster

A: Grupp 5

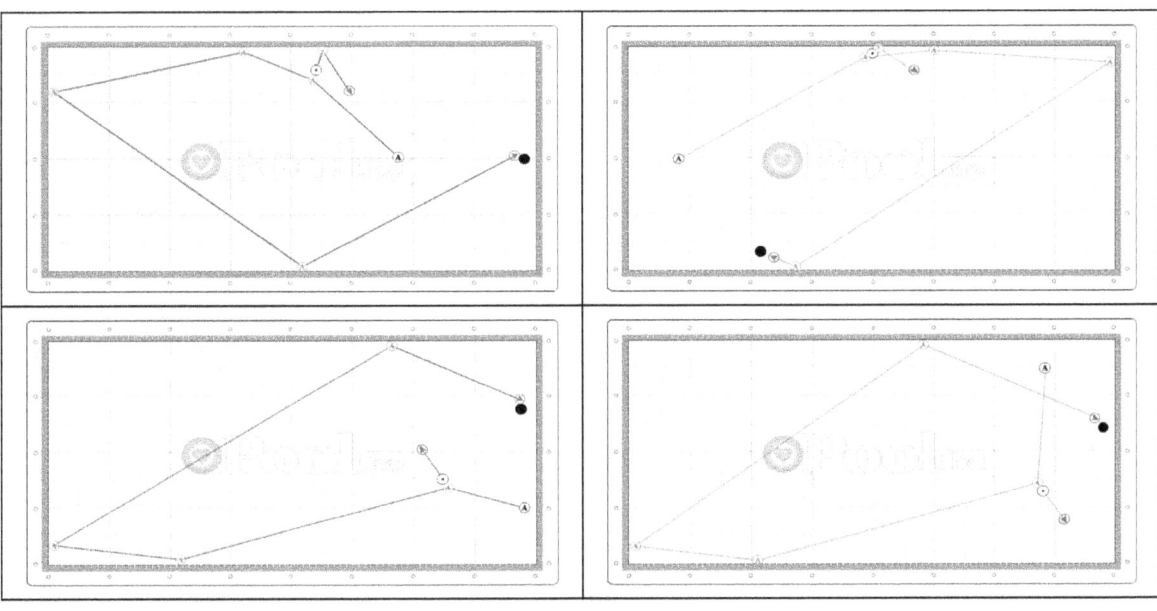

Analys:

A:5a. _____

A:5b. _____

A:5c. _____

A:5d. _____

A:5a – Inrätta

Anteckningar och idéer:

Skottmönster

A:5b – Inrätta

Anteckningar och idéer:

Skottmönster

A:5c – Inrätta

Anteckningar och idéer:

Skottmönster

A:5d – Inrätta

Anteckningar och idéer:

Skottmönster

B: Full cirkel (kort vallar)

Den (CB) kommer av den första (OB) och i en kort vallar. Den (CB) går sedan in i den långa vallar och in i motsatt kort vallar.

Ⓐ (CB) (din biljardboll) - ⊙ (OB) (motståndare biljardboll) - ● (OB) (röd biljardboll)

B: Grupp 1

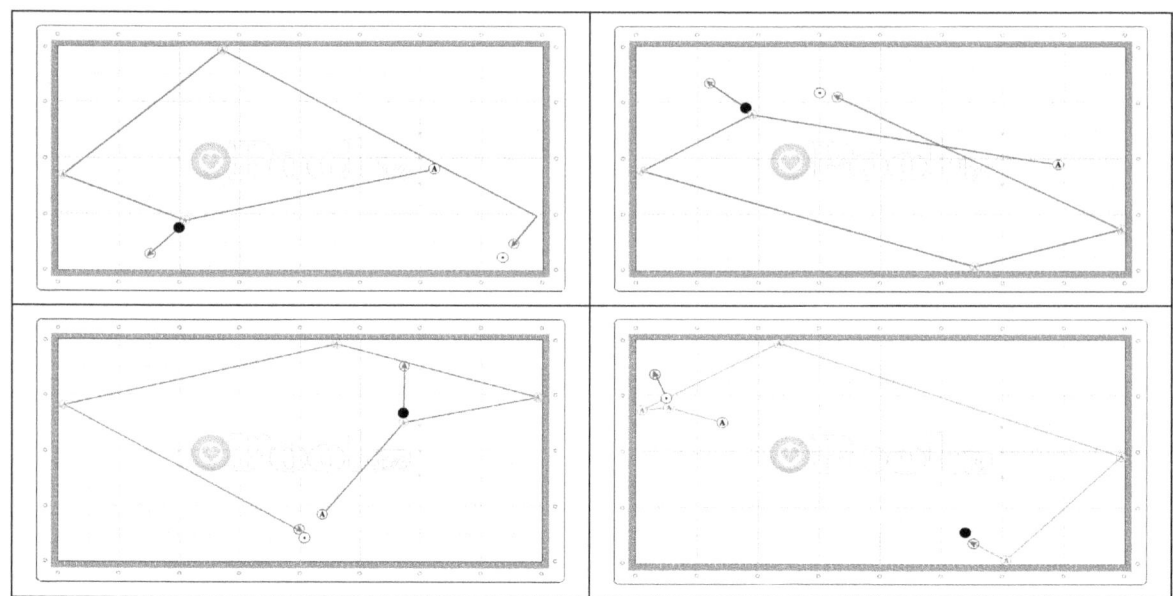

Analys:

B:1a. _____

B:1b. _____

B:1c. _____

B:1d. _____

B:1a – Inrätta

Anteckningar och idéer:

Skottmönster

B:1b – Inrätta

Anteckningar och idéer:

Skottmönster

B:1c – Inrätta

Anteckningar och idéer:

Skottmönster

B:1d – Inrätta

Anteckningar och idéer:

Skottmönster

B: Grupp 2

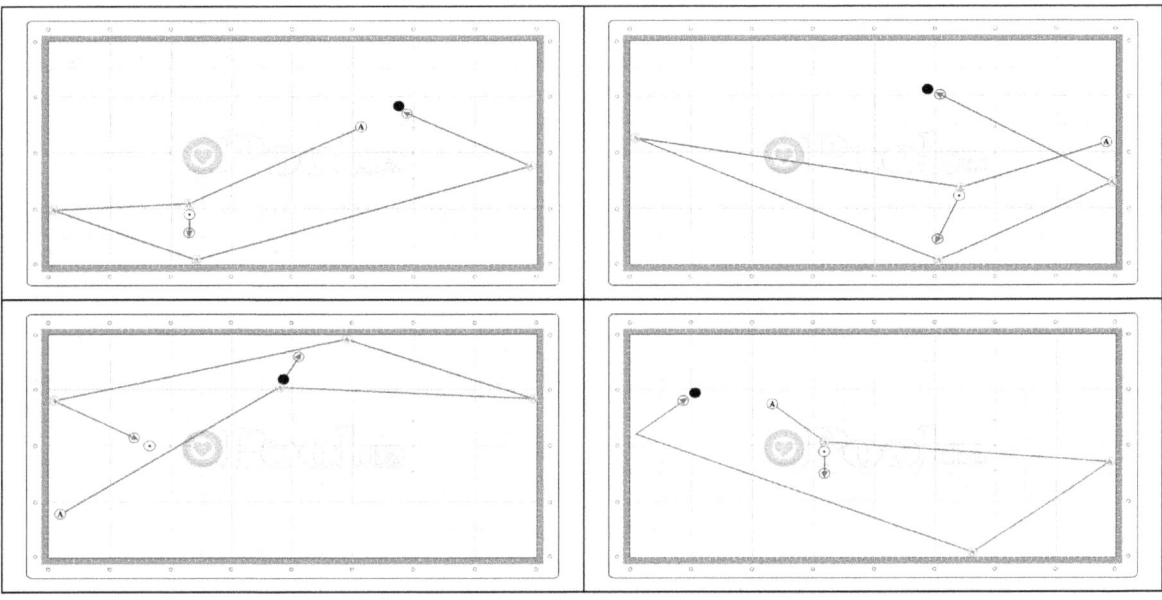

Analys:

B:2a. _____

B:2b. _____

B:2c. _____

B:2d. _____

B:2a – Inrätta

Anteckningar och idéer:

Skottmönster

B:2b – Inrätta

Anteckningar och idéer:

Skottmönster

B:2c – Inrätta

Anteckningar och idéer:

Skottmönster

B:2d – Inrätta

Anteckningar och idéer:

Skottmönster

B: Grupp 3

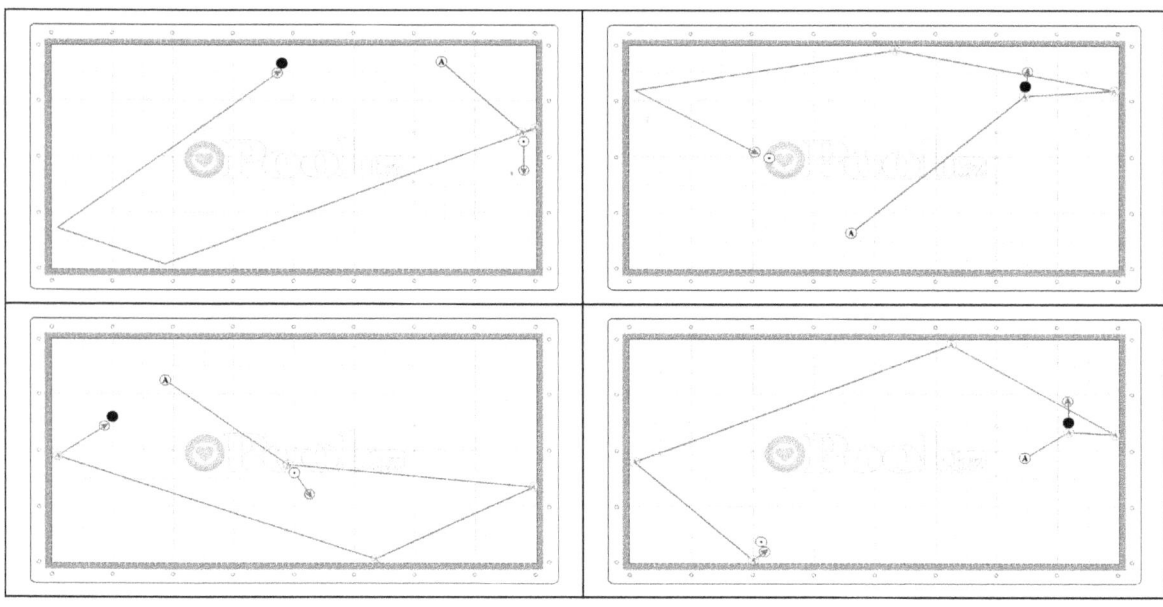

Analys:

B:3a. _____

B:3b. _____

B:3c. _____

B:3d. _____

B:3a – Inrätta

Anteckningar och idéer:

Skottmönster

B:3b – Inrätta

Anteckningar och idéer:

Skottmönster

B:3c – Inrätta

Anteckningar och idéer:

Skottmönster

B:3d – Inrätta

Anteckningar och idéer:

Skottmönster

C: Fyra vallar (lång vallar)

(CB) kommer från den första (OB) och in i den långa vallar. Det kommer ut till den korta vallar. Sedan går (CB) i motsatt lång vallar. Först då går (CB) in i den andra (OB).

Ⓐ (CB) (din biljardboll) - ⊙ (OB) (motståndare biljardboll) - ● (OB) (röd biljardboll)

C: Grupp 1

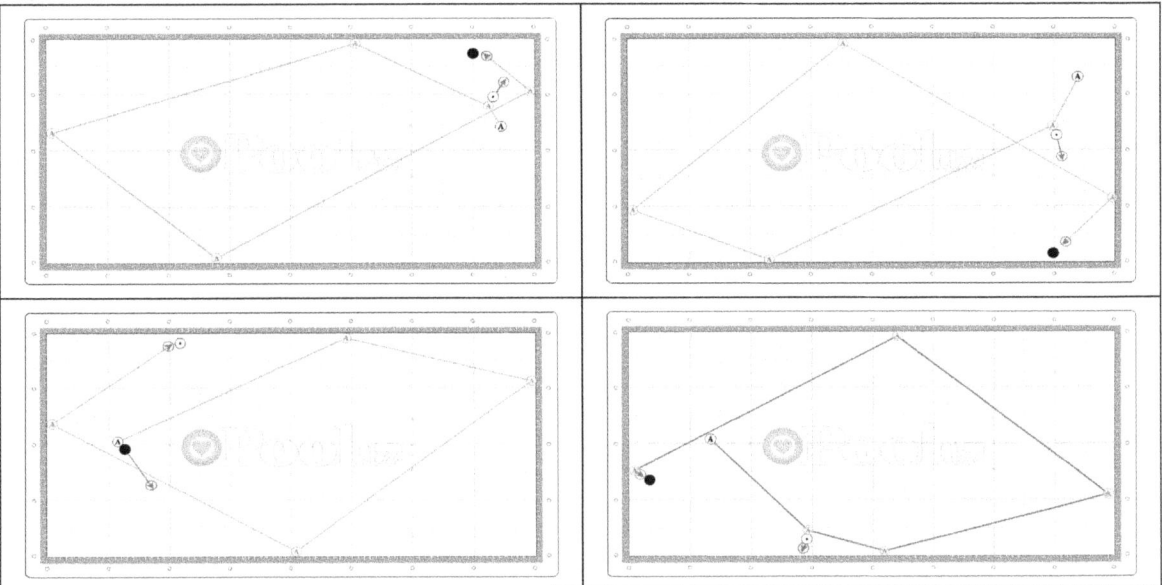

Analys:

C:1a. _____

C:1b. _____

C:1c. _____

C:1d. _____

C:1a – Inrätta

Anteckningar och idéer:

Skottmönster

C:1b – Inrätta

Anteckningar och idéer:

Skottmönster

C:1c – Inrätta

Anteckningar och idéer:

Skottmönster

C:1d – Inrätta

Anteckningar och idéer:

Skottmönster

C: Grupp 2

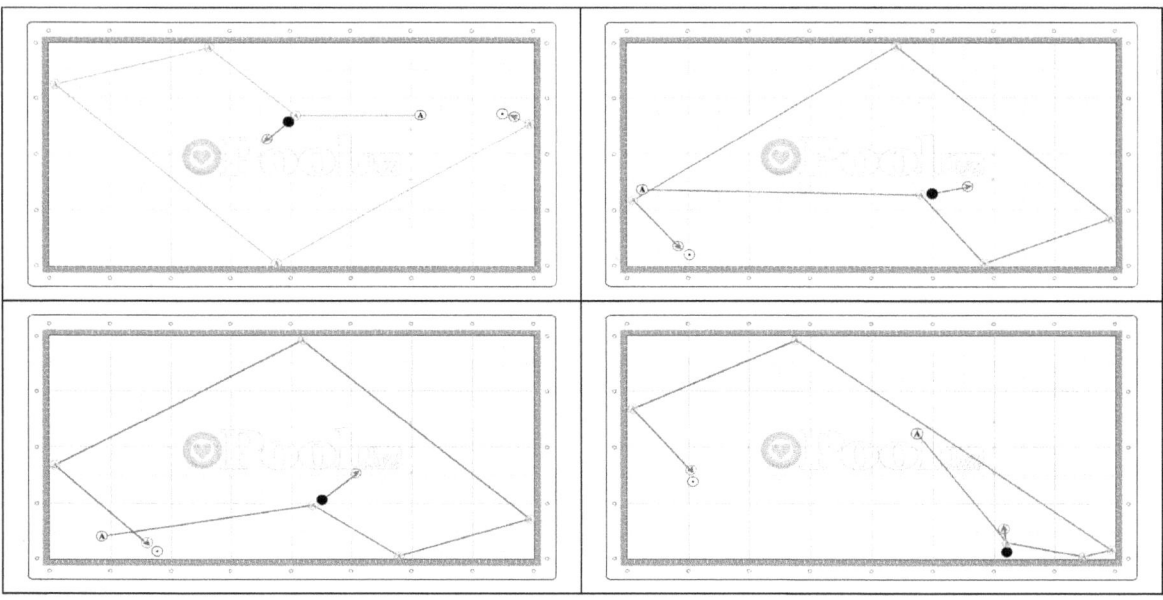

Analys:

C:2a. _____

C:2b. _____

C:2c. _____

C:2d. _____

C:2a – Inrätta

Anteckningar och idéer:

Skottmönster

C:2b – Inrätta

Anteckningar och idéer:

Skottmönster

C:2c – Inrätta

Anteckningar och idéer:

Skottmönster

C:2d – Inrätta

Anteckningar och idéer:

Skottmönster

C: Grupp 3

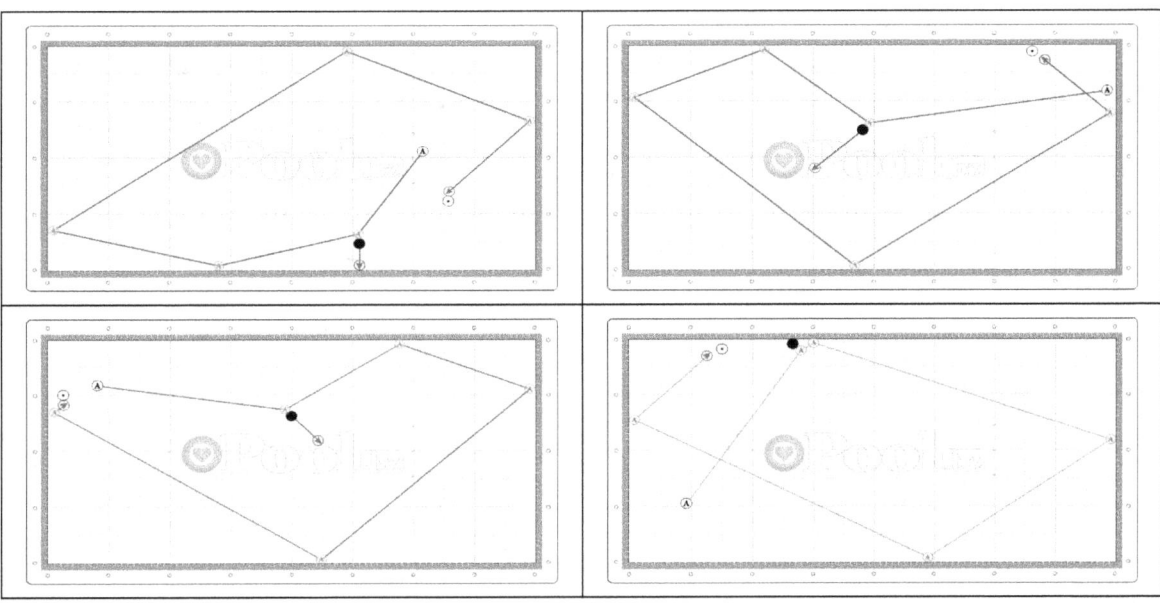

Analys:

C:3a. _____

C:3b. _____

C:3c. _____

C:3d. _____

C:3a – Inrätta

Anteckningar och idéer:

Skottmönster

C:3b – Inrätta

Anteckningar och idéer:

Skottmönster

C:3c – Inrätta

Anteckningar och idéer:

Skottmönster

C:3d – Inrätta

Anteckningar och idéer:

Skottmönster

C: Grupp 4

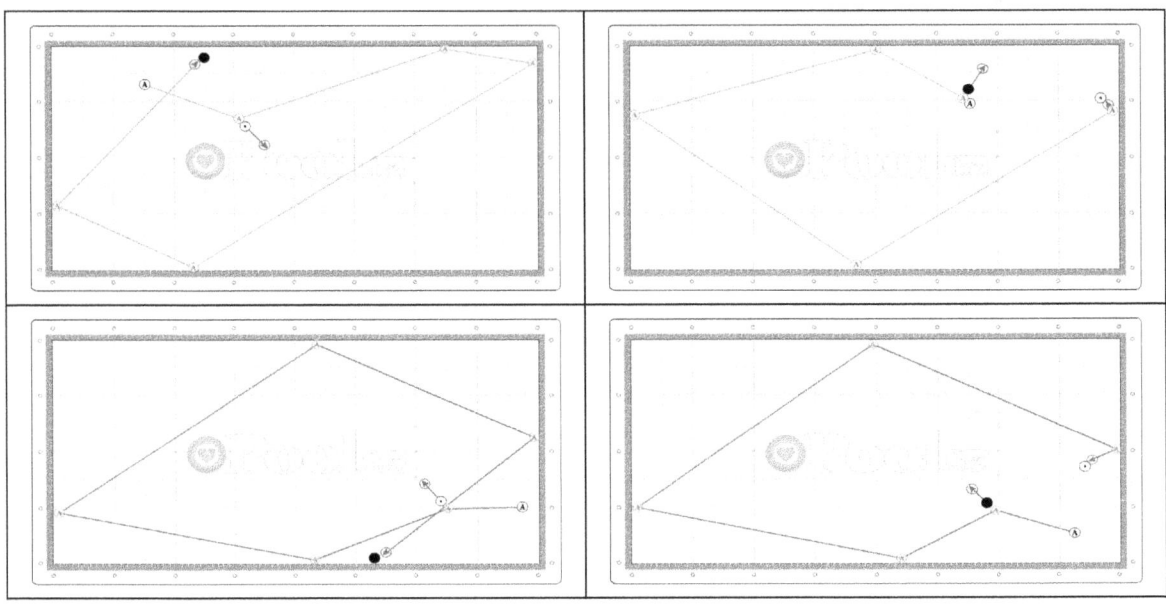

Analys:

C:4a. _____

C:4b. _____

C:4c. _____

C:4d. _____

C:4a – Inrätta

Anteckningar och idéer:

Skottmönster

C:4b – Inrätta

Anteckningar och idéer:

Skottmönster

C:4c – Inrätta

Anteckningar och idéer:

Skottmönster

C:4d – Inrätta

Anteckningar och idéer:

Skottmönster

C: Grupp 5

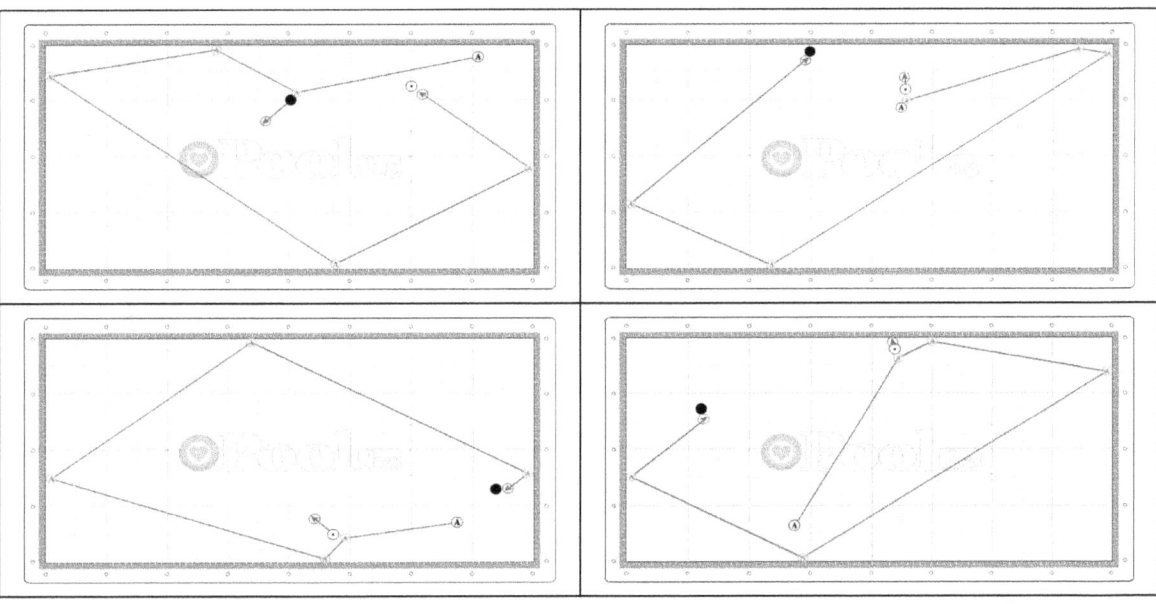

Analys:

C:5a. _____

C:5b. _____

C:5c. _____

C:5d. _____

C:5a – Inrätta

Anteckningar och idéer:

Skottmönster

C:5b – Inrätta

Anteckningar och idéer:

Skottmönster

C:5c – Inrätta

Anteckningar och idéer:

Skottmönster

C:5d – Inrätta

Anteckningar och idéer:

Skottmönster

D: Fyra vallar (kort vallar)

Den (CB) kommer från den första (OB) och går in i den korta vallar. (CB) reser till motsatt lång vallar. Cirkeln fortsätter i motsatt kort vallar. Först då ansluts (CB) med den andra (OB).

(A) (CB) (din biljardboll) - (•) (OB) (motståndare biljardboll) - ● (OB) (röd biljardboll)

D: Grupp 1

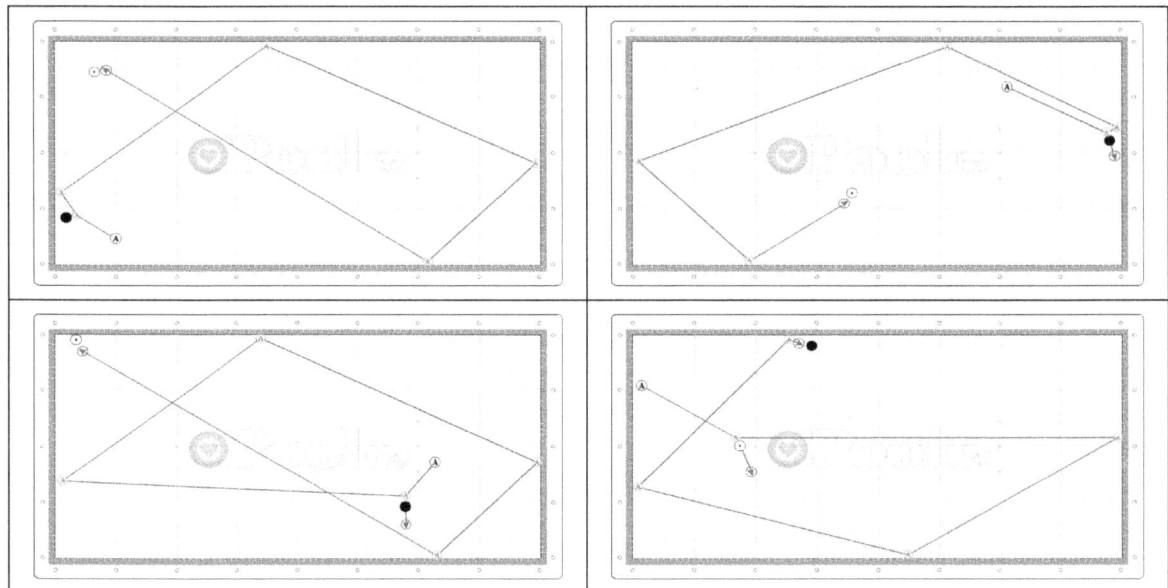

Analys:

D:1a. _____

D:1b. _____

D:1c. _____

D:1d. _____

D:1a – Inrätta

Anteckningar och idéer:

Skottmönster

D:1b – Inrätta

Anteckningar och idéer:

Skottmönster

D:1c – Inrätta

Anteckningar och idéer:

Skottmönster

D:1d – Inrätta

Anteckningar och idéer:

Skottmönster

D: Grupp 2

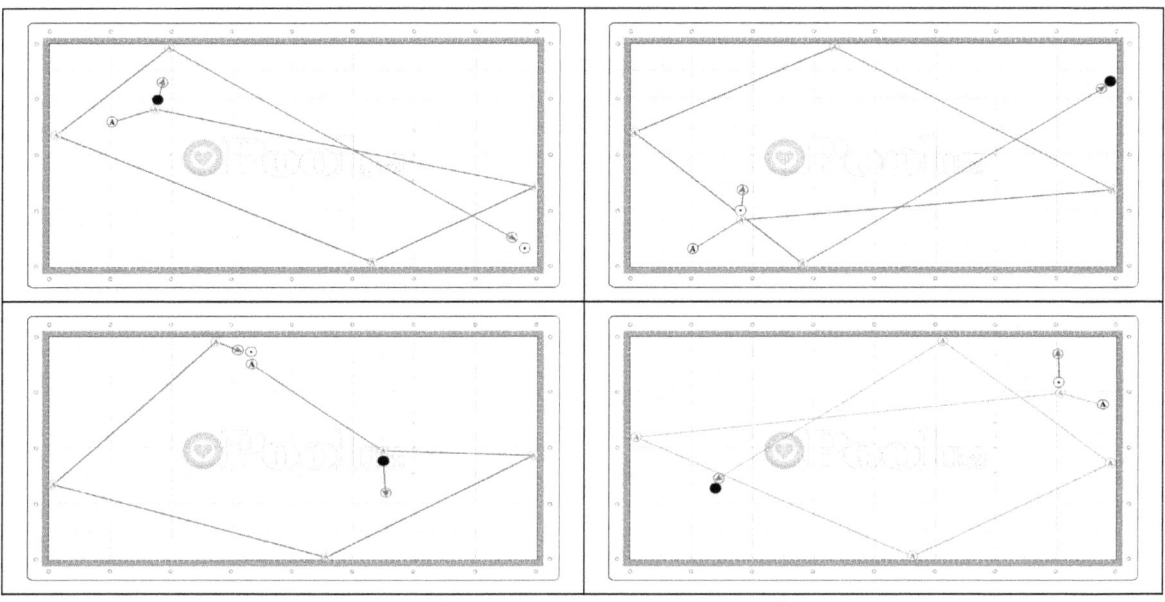

Analys:

D:2a. _____

D:2b. _____

D:2c. _____

D:2d. _____

D:2a – Inrätta

Anteckningar och idéer:

Skottmönster

D:2b – Inrätta

Anteckningar och idéer:

Skottmönster

D:2c – Inrätta

Anteckningar och idéer:

Skottmönster

D:2d – Inrätta

Anteckningar och idéer:

Skottmönster

D: Grupp 3

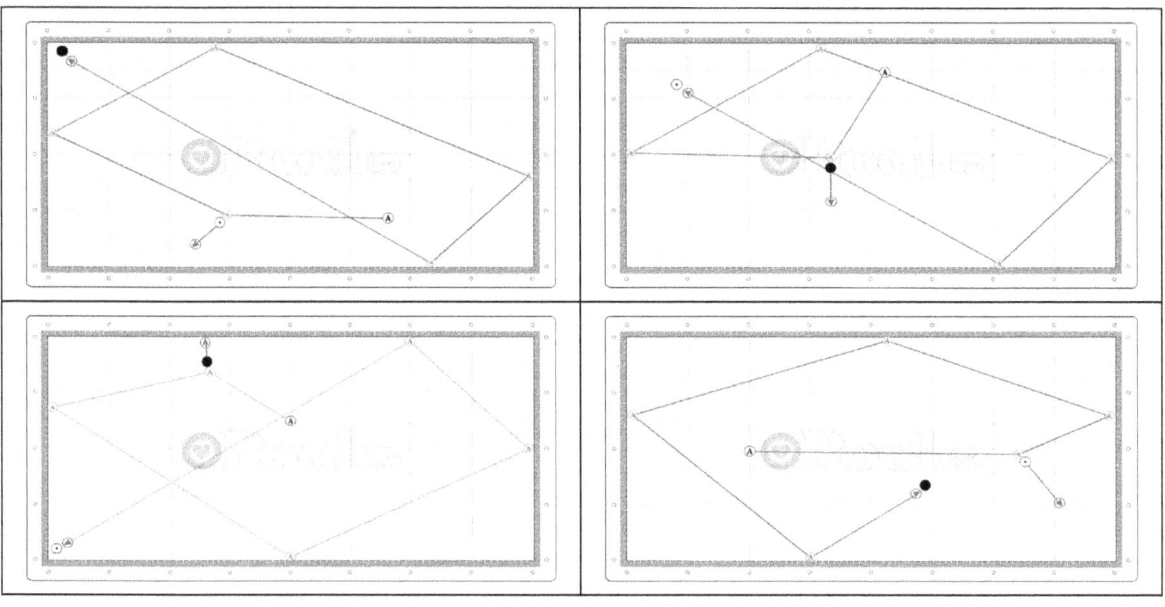

Analys:

D:3a. _____

D:3b. _____

D:3c. _____

D:3d. _____

D:3a – Inrätta

Anteckningar och idéer:

Skottmönster

D:3b – Inrätta

Anteckningar och idéer:

Skottmönster

D:3c – Inrätta

Anteckningar och idéer:

Skottmönster

D:3d – Inrätta

Anteckningar och idéer:

Skottmönster

D: Grupp 4

Analys:

D:4a. _____

D:4b. _____

D:4c. _____

D:4d. _____

D:4a – Inrätta

Anteckningar och idéer:

Skottmönster

D:4b – Inrätta

Anteckningar och idéer:

Skottmönster

D:4c – Inrätta

Anteckningar och idéer:

Skottmönster

D:4d – Inrätta

Anteckningar och idéer:

Skottmönster

E: Fem vallar (lång vallar)

(CB) kommer från den första (OB) och in i den långa vallar. (CB) reser i fem vallar innan den kontaktar den andra (OB).

Ⓐ (CB) (din biljardboll) - ⊙ (OB) (motståndare biljardboll) - ● (OB) (röd biljardboll)

E: Grupp 1

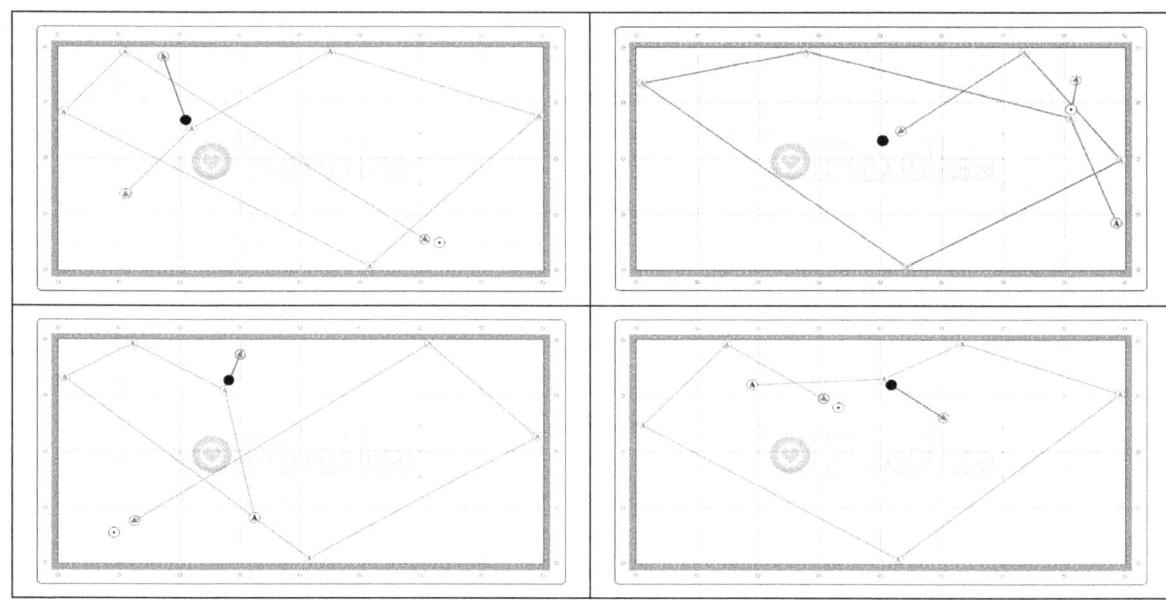

Analys:

E:1a. _____

E:1b. _____

E:1c. _____

E:1d. _____

E:1a – Inrätta

Anteckningar och idéer:

Skottmönster

E:1b – Inrätta

Anteckningar och idéer:

Skottmönster

E:1c – Inrätta

Anteckningar och idéer:

Skottmönster

E:1d – Inrätta

Anteckningar och idéer:

Skottmönster

E: Grupp 2

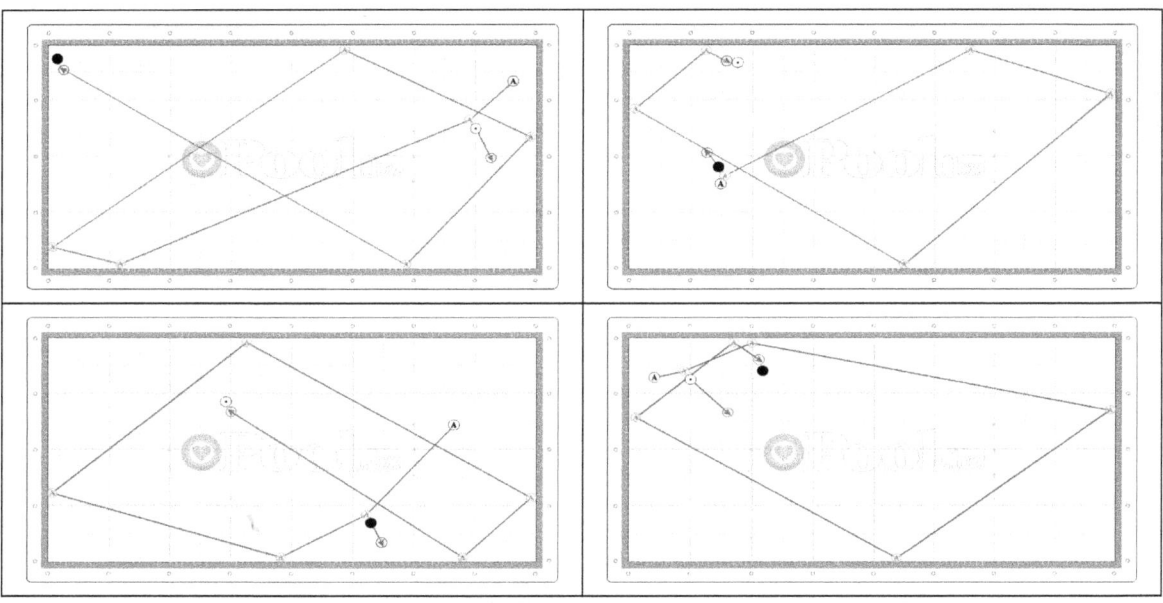

Analys:

E:2a. _____

E:2b. _____

E:2c. _____

E:2d. _____

E:2a – Inrätta

Anteckningar och idéer:

Skottmönster

E:2b – Inrätta

Anteckningar och idéer:

Skottmönster

E:2c – Inrätta

Anteckningar och idéer:

Skottmönster

E:2d – Inrätta

Anteckningar och idéer:

Skottmönster

E: Grupp 3

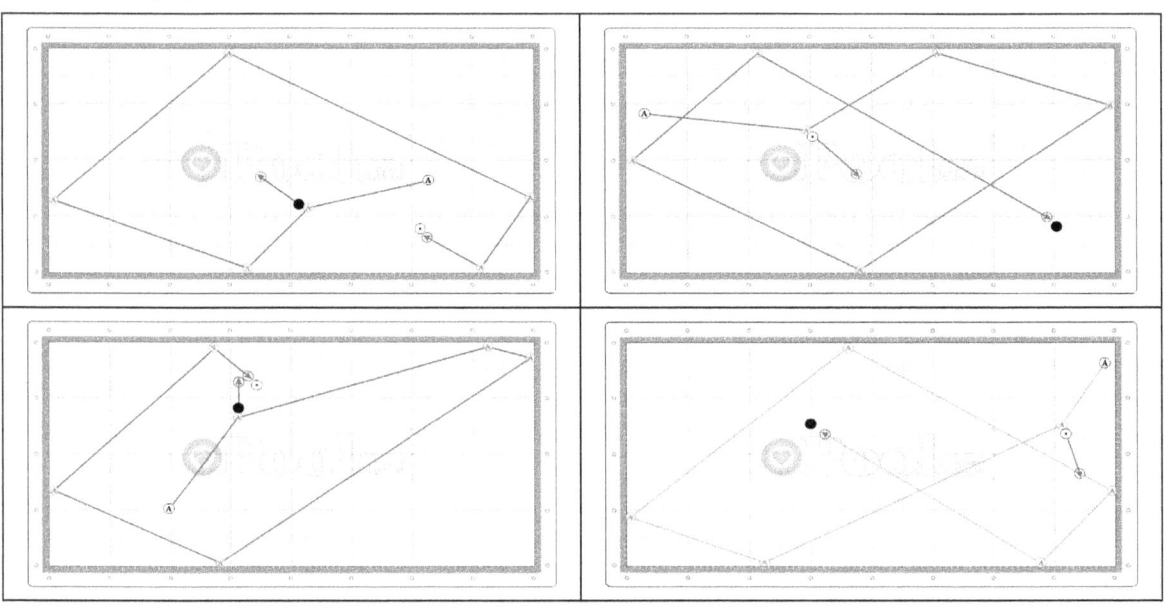

Analys:

E:3a. _____

E:3b. _____

E:3c. _____

E:3d. _____

E:3a – Inrätta

Anteckningar och idéer:

Skottmönster

E:3b – Inrätta

Anteckningar och idéer:

Skottmönster

E:3c – Inrätta

Anteckningar och idéer:

Skottmönster

E:3d – Inrätta

Anteckningar och idéer:

Skottmönster

E: Grupp 4

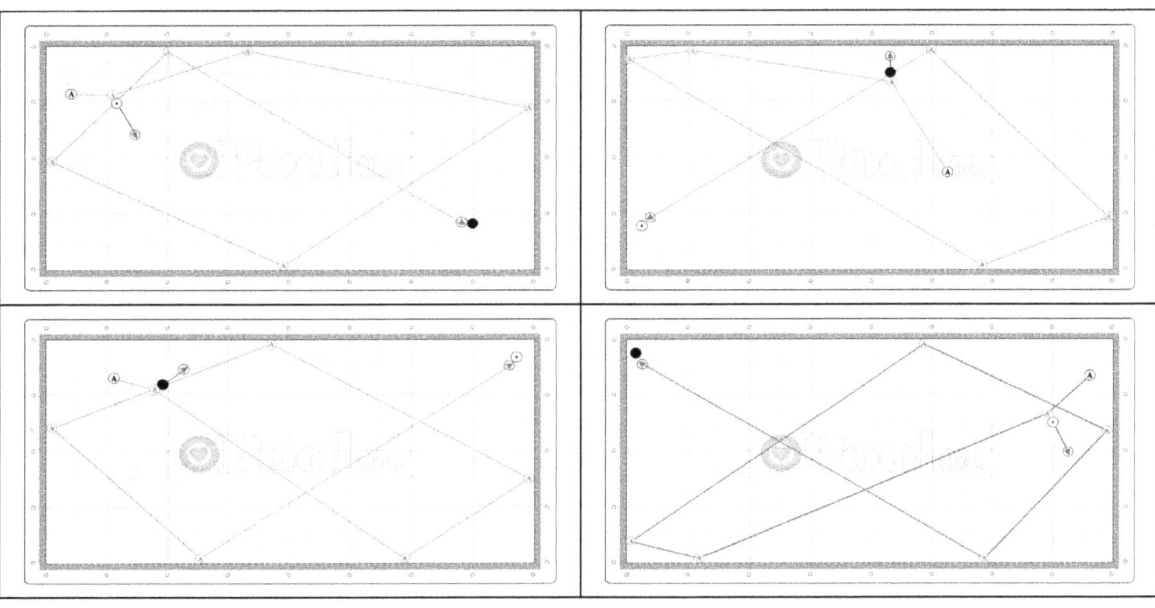

Analys:

E:4a. _____

E:4b. _____

E:4c. _____

E:4d. _____

E:4a – Inrätta

Anteckningar och idéer:

Skottmönster

E:4b – Inrätta

Anteckningar och idéer:

Skottmönster

E:4c – Inrätta

Anteckningar och idéer:

Skottmönster

E:4d – Inrätta

Anteckningar och idéer:

Skottmönster

E: Grupp 5

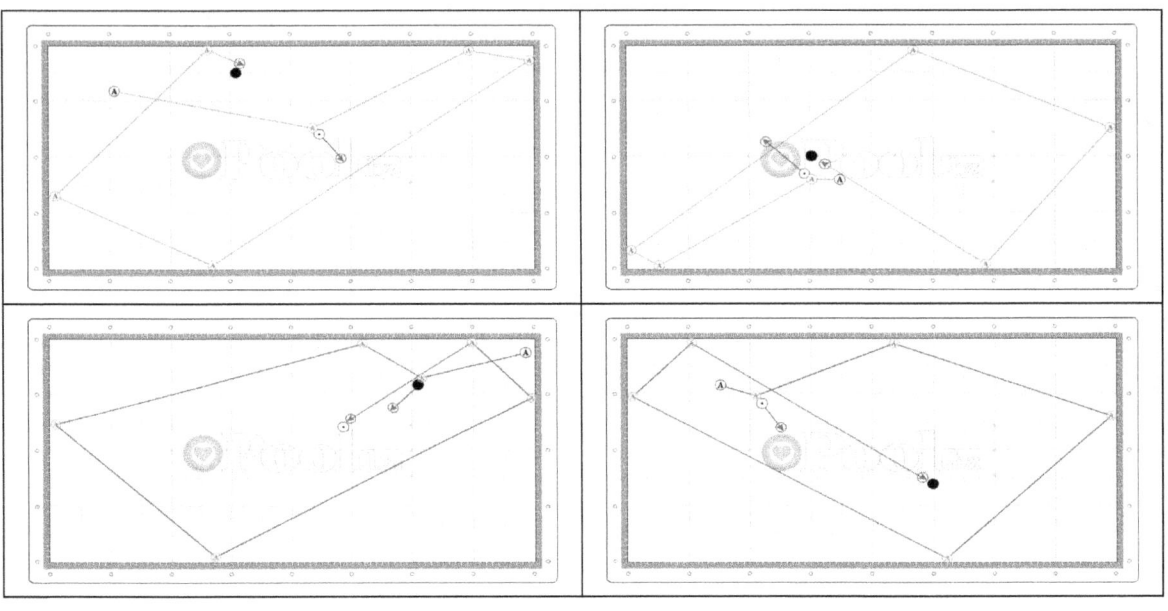

Analys:

E:5a. _____

E:5b. _____

E:5c. _____

E:5d. _____

E:5a – Inrätta

Anteckningar och idéer:

Skottmönster

E:5b – Inrätta

Anteckningar och idéer:

Skottmönster

E:5c – Inrätta

Anteckningar och idéer:

Skottmönster

E:5d – Inrätta

Anteckningar och idéer:

Skottmönster

F: Fem vallar (kort vallar)

(CB) kommer från den första (OB) och in i den korta vallar. Den reser sig sedan runt bordet i fem på varandra följande vallar. Först då ansluts (CB) med den andra (OB).

Ⓐ (CB) (din biljardboll) - ⊙ (OB) (motståndare biljardboll) - ● (OB) (röd biljardboll)

F: Grupp 1

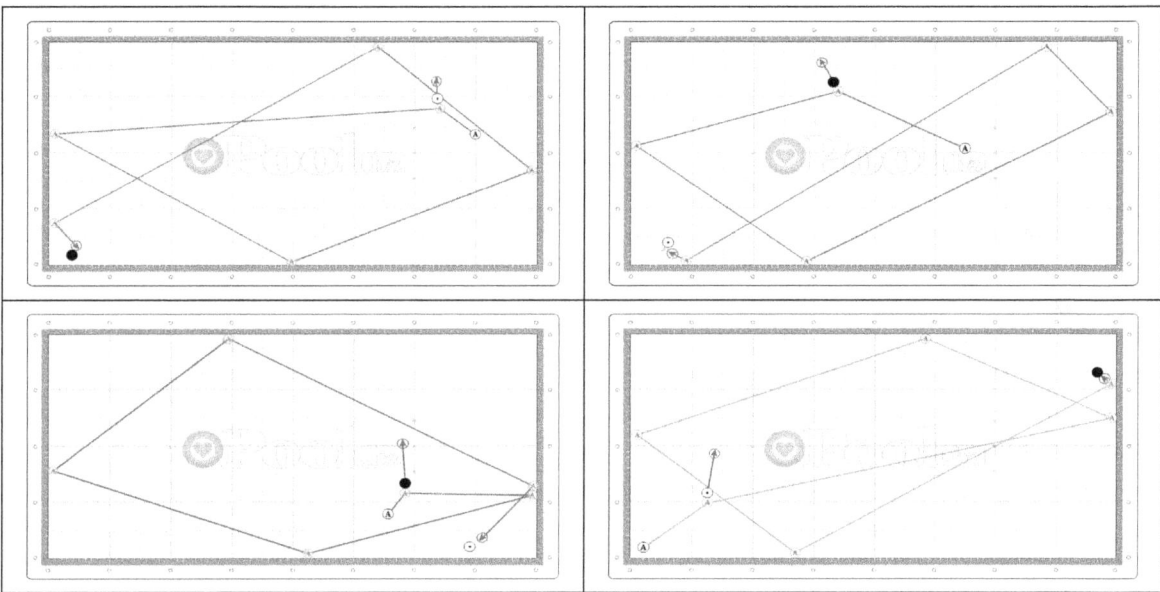

Analys:

F:1a. _____

F:1b. _____

F:1c. _____

F:1d. _____

F:1a – Inrätta

Anteckningar och idéer:

Skottmönster

F:1b – Inrätta

Anteckningar och idéer:

Skottmönster

F:1c – Inrätta

Anteckningar och idéer:

Skottmönster

F:1d – Inrätta

Anteckningar och idéer:

Skottmönster

F: Grupp 2

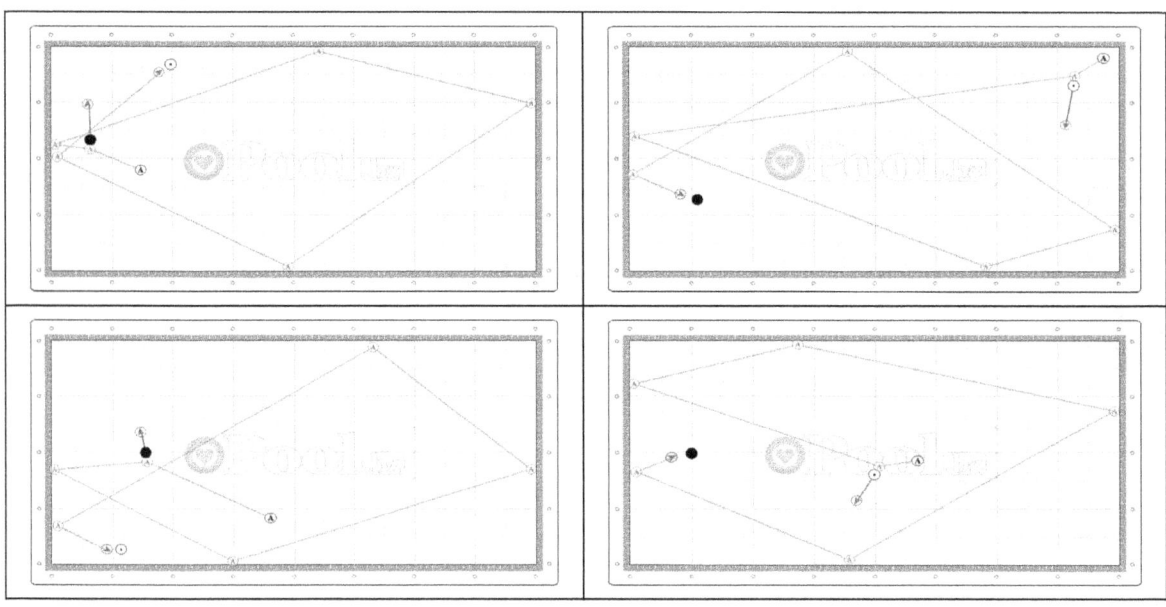

Analys:

F:2a. _____

F:2b. _____

F:2c. _____

F:2d. _____

F:2a – Inrätta

Anteckningar och idéer:

Skottmönster

F:2b – Inrätta

Anteckningar och idéer:

Skottmönster

F:2c – Inrätta

Anteckningar och idéer:

Skottmönster

F:2d – Inrätta

Anteckningar och idéer:

Skottmönster

G: 6 + vallar (lång vallar)

(CB) kommer från den första (OB) och in i den långa vallar. Den reser sig sedan runt bordet i minst sex vallar (ibland sju).

(A) (CB) (din biljardboll) - (⊙) (OB) (motståndare biljardboll) - ● (OB) (röd biljardboll)

G: Grupp 1

Analys:

G:1a. _____

G:1b. _____

G:1c. _____

G:1d. _____

G:1a – Inrätta

Anteckningar och idéer:

Skottmönster

G:1b – Inrätta

Anteckningar och idéer:

Skottmönster

G:1c – Inrätta

Anteckningar och idéer:

Skottmönster

G:1d – Inrätta

Anteckningar och idéer:

Skottmönster

G: Grupp 2

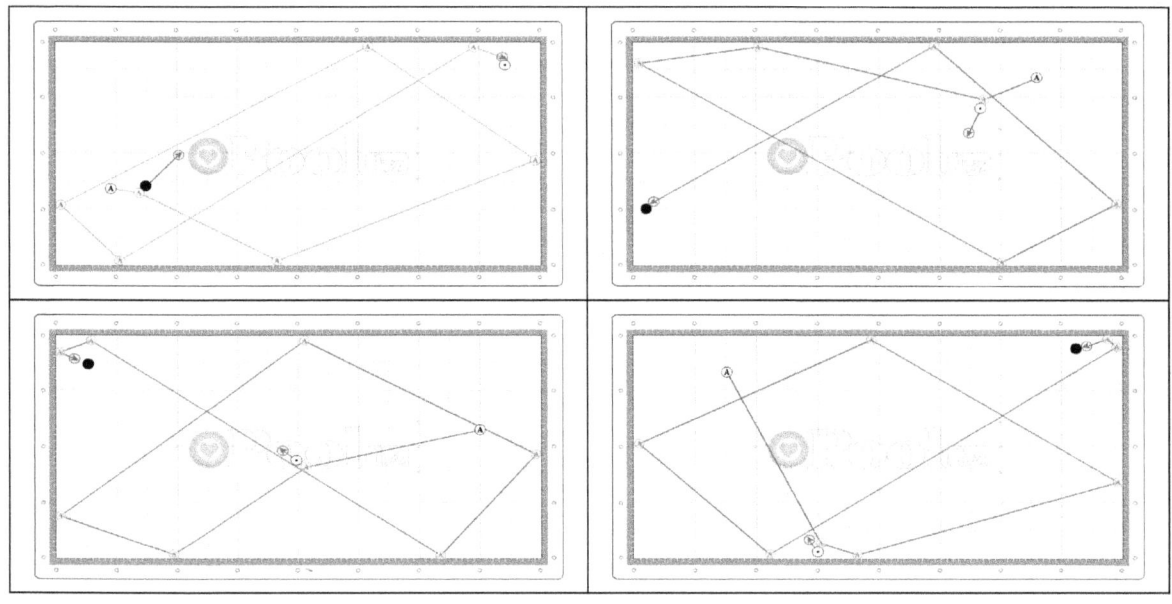

Analys:

G:2a. _____

G:2b. _____

G:2c. _____

G:2d. _____

G:2a – Inrätta

Anteckningar och idéer:

Skottmönster

G:2b – Inrätta

Anteckningar och idéer:

Skottmönster

G:2c – Inrätta

Anteckningar och idéer:

Skottmönster

G:2d – Inrätta

Anteckningar och idéer:

Skottmönster

G: Grupp 3

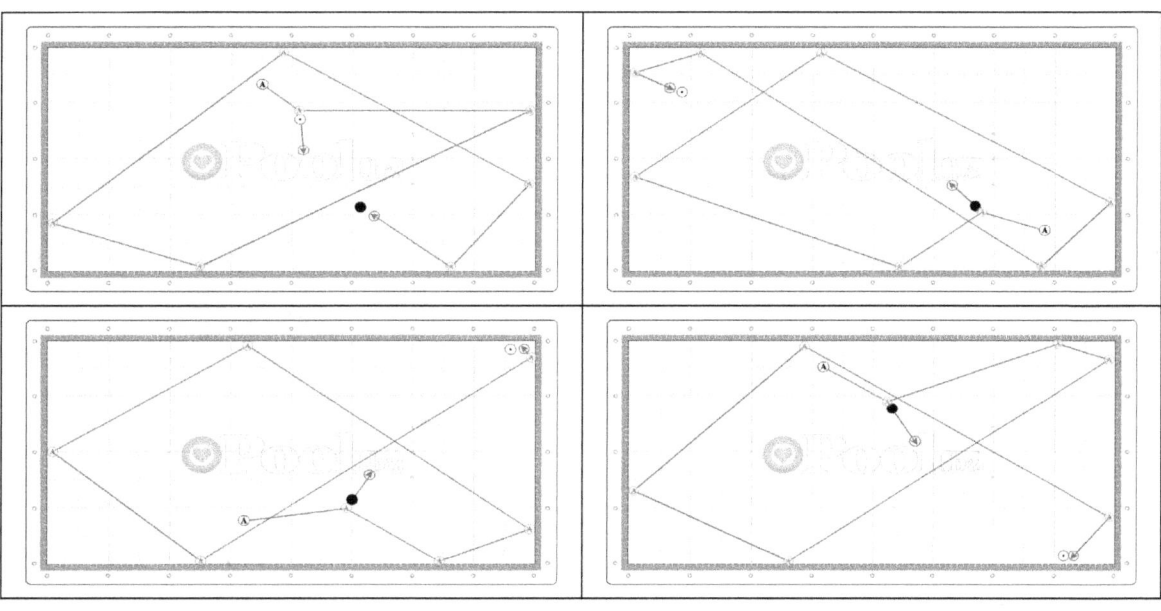

Analys:

G:3a. _____

G:3b. _____

G:3c. _____

G:3d. _____

G:3a – Inrätta

Anteckningar och idéer:

Skottmönster

G:3b – Inrätta

Anteckningar och idéer:

Skottmönster

G:3c – Inrätta

Anteckningar och idéer:

Skottmönster

G:3d – Inrätta

Anteckningar och idéer:

Skottmönster

G: Grupp 4

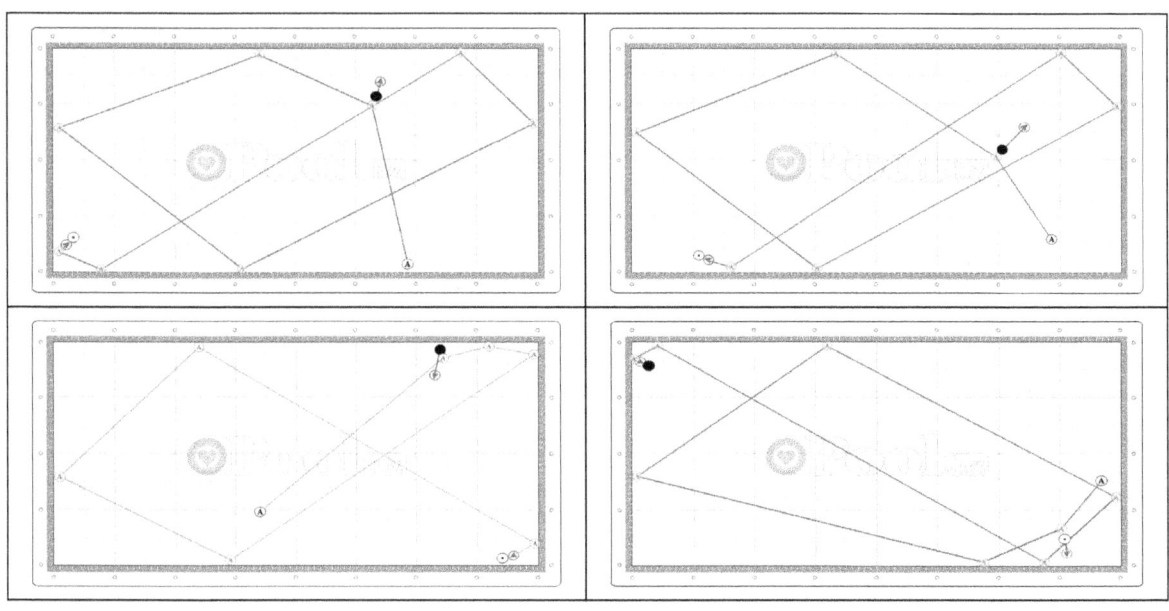

Analys:

G:4a. _____

G:4b. _____

G:4c. _____

G:4d. _____

G:4a – Inrätta

Anteckningar och idéer:

Skottmönster

G:4b – Inrätta

Anteckningar och idéer:

Skottmönster

G:4c – Inrätta

Anteckningar och idéer:

Skottmönster

G:4d – Inrätta

Anteckningar och idéer:

Skottmönster

H: 6 + vallar (kort vallar)

Den (CB) kommer från (OB) och in i den korta vallar. (CB) fortsätter att resa runt bordet för sex eller mer vallar. Först då kontaktar (CB) den andra (OB).

Ⓐ (CB) (din biljardboll) - ⊙ (OB) (motståndare biljardboll) - ● (OB) (röd biljardboll)

H: Grupp 1

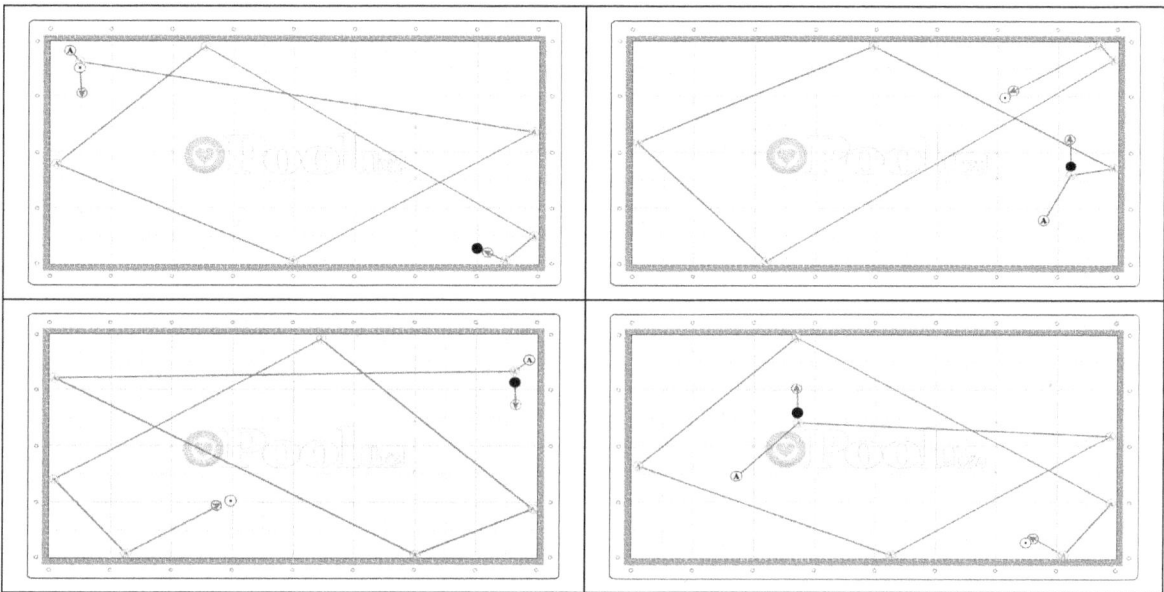

Analys:

H:1a. _____

H:1b. _____

H:1c. _____

H:1d. _____

H:1a – Inrätta

Anteckningar och idéer:

Skottmönster

H:1b – Inrätta

Anteckningar och idéer:

Skottmönster

H:1c – Inrätta

Anteckningar och idéer:

Skottmönster

H:1d – Inrätta

Anteckningar och idéer:

Skottmönster

H: Grupp 2

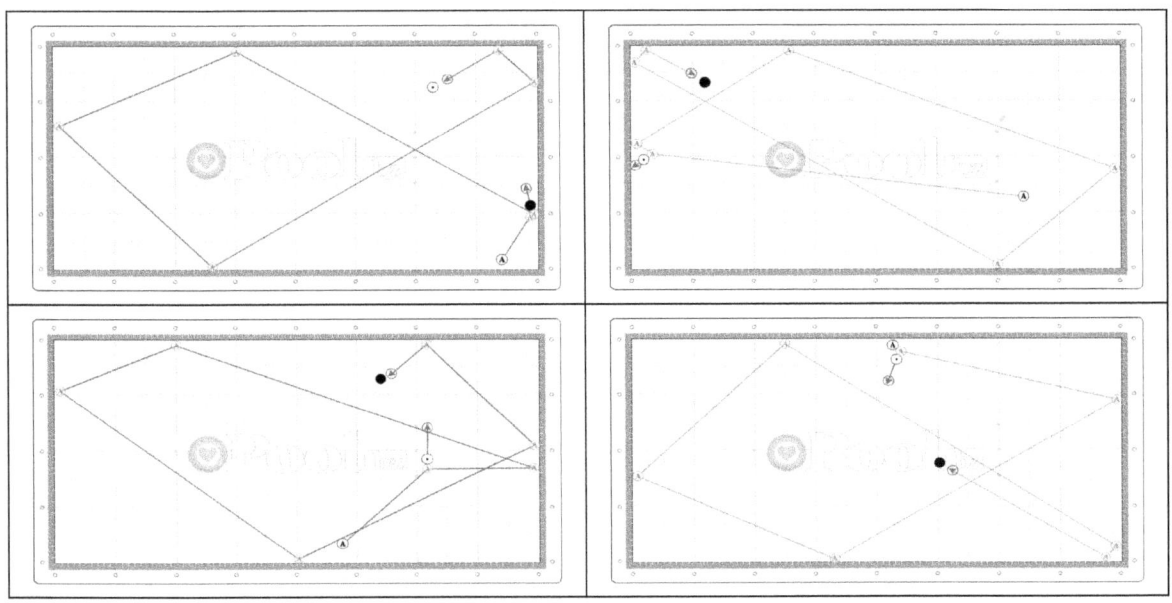

Analys:

H:2a. _____

H:2b. _____

H:2c. _____

H:2d. _____

H:2a – Inrätta

Anteckningar och idéer:

Skottmönster

H:2b – Inrätta

Anteckningar och idéer:

Skottmönster

H:2c – Inrätta

Anteckningar och idéer:

Skottmönster

H:2d – Inrätta

Anteckningar och idéer:

Skottmönster

www.ingramcontent.com/pod-product-compliance
Lightning Source LLC
Chambersburg PA
CBHW080921170426
43201CB00016B/2226